Le prix à payer

Patrice Salsa

Le prix à payer

Éditeur : BoD-Books on Demand,
12/14 rond point des Champs Élysées,
75008 Paris, France

Impression : BoD-Books on Demand,
Norderstedt, Allemagne

*Dépôt légal : octobre **2015***

ISBN : 978-2-322-04248-7

Vifs remerciements
à Marie-Claude Schoendorff
& Emmanuel Le V.

Dites ces mots
Ma vie
Et retenez vos larmes

Louis Aragon, *La Diane française*, 1944.

Ars memoria

Due mazzi di peonie   13

L'inauguration   19

Marienbad   25

Le marron et l'orchidée   29

Les simonies

Se blinder   37

Arrête ton cinéma   45

Le hussard   51

La mécanique   59

Ars memoria

Due mazzi di peonie

In memoriam Steeve R.

Lorsqu'ils avaient acheté ces pivoines, alors que le marché du Campo tirait à sa fin, ils ne savaient pas encore, bien entendu, que Steeve mourrait dans la soirée, encore que la nouvelle fût prévisible et – pourquoi le taire – attendue.

Ils avaient choisi deux bottes, l'une d'un rose violacé plutôt foncé, et l'autre d'un rose beaucoup plus pâle, presque mièvre s'il n'avait été chiné de sang. Ils n'avaient pu se décider pour l'une ou l'autre teinte, composant ainsi un bouquet dont la masse ferait la somptuosité. Cette réticence, plutôt fréquente, à choisir entre deux plaisirs, les conduisait régulièrement à des arrangements singuliers regardant leur vie, les autres et eux-mêmes, provoquant ainsi parfois l'étonnement de leur entourage, quand ce n'était pas sa réprobation.

Une fois arrivés à la maison, ils s'étaient affairés à la préparation du déjeuner, déballant les courses, comparant les options possibles pour le repas, mettant finalement de l'huile d'olive à chauffer. Le plus jeune s'émouvait souvent, mais sans en laisser rien paraître, de la constance qu'ils déployaient à vouloir deviner et mettre en œuvre ce qui ferait le plus plaisir à l'autre. Cela le conduisait parfois à des stratégies contournées, qu'un observateur extérieur aurait pu analyser comme un suivisme complaisant. Lorsque celles-ci aboutissaient, il en éprouvait le soulagement ressenti à s'acquitter d'une dette ancienne. L'un et l'autre avaient proposé une solution pour le vase destiné à accueillir les fleurs et, certainement, c'est un troisième qui avait été choisi.

Dans la soirée, un appel téléphonique avait – enfin – prévenu que l'inéluctable était survenu ; la peine et la douleur avaient succédé à la tristesse mal dissimulée qui avait marqué les retrouvailles après quelques semaines de séparation. Leur amitié était déjà ancienne, mais ne s'était pas construite dans l'évidence qui illumine tant d'autres. Il avait fallu au plus âgé l'obstination que donne l'expérience devant les réticences du cadet, qui, perdu dans sa difficulté à être au monde et aux autres, avait néanmoins perçu obscurément dans cette relation naissante un noyau ferme qui ne demandait qu'à se développer pourvu qu'on le débarrasse des oripeaux de l'ambiguïté. Il y eut des heurts, il y eut des fâcheries, il y eut des éloignements, mais qui furent autant d'étapes alchimiques conduisant à un sentiment dense, pur et inoxydable.

Durant l'après-midi, les pivoines s'étaient ouvertes et le bouquet panaché répandait sa fragrance un peu poivrée dans tout l'appartement.

Le lendemain vers midi, à son retour de l'aéroport, le regard du cadet s'arrêta longuement sur ces fleurs, dont l'exubérance et la vitalité lui parurent anormales, presque obscènes, et il se mit à pleurer. La matinée s'était écoulée rapidement, dans la fébrilité bénie qu'occasionne l'organisation impromptue d'un déplacement, urgent, de mille cinq cents kilomètres. Ils n'avaient que peu parlé, échangeant des riens factuels dont la prudence était un contrefort fragile contre l'effondrement. L'aîné, parti accomplir les rites de l'adieu, était intimement lié à celui dont on ne parlerait plus qu'au passé, ce qui n'était pas le cas du plus jeune, dont le chagrin, quoique d'une origine différente, n'en était pas moins profond, car c'est aussi une souffrance d'entrevoir qu'il est parfois impossible ou presque de soulager le malheur de ceux qu'on aime.

Bien qu'il sût que les pivoines boivent beaucoup, il oublia d'ajouter de l'eau dans le vase si bien qu'en deux jours la chaleur et le manque d'humidité flétrirent considérablement les fleurs. Ce constat fut pour lui l'occasion d'une réflexion sur la fragilité. Cela faisait déjà longtemps qu'il considérait qu'une métaphore, pour être commune, n'en conservait pas moins sa force, et même peut-être que, au contraire, son évidence était réaffirmée à chaque nouvel usage. Et de savoir que, de Ronsard à Françoise Hardy, tant de poètes avaient chanté l'analogie entre la fleur – s'ouvrant au matin pour mourir le soir – et la brièveté de la beauté, de la jeunesse, de la vie, ne l'empêcha pas d'adhérer pleinement à cette image. Il considéra aussi, avec une espèce de froideur qui l'inquiéta, que, dans ce cas, la négligence, l'oubli, voire la malchance, avaient un effet accélérateur faisant saillir la brutalité de l'existence.

Il dut repartir sans pouvoir attendre le retour de son ami.

Il ne jeta pas le bouquet.

Il n'y songea pas.

Trois semaines plus tard, dans une autre ville, rentrant solitaire à l'aube déjà claire d'une nuit alcoolisée, festive et itinérante, passant sur les quais où s'installaient les étals pour le marché dominical, il fit demi-tour après avoir dépassé de quelques mètres un banc qui proposait des pivoines et en acheta une botte. Il pensa, évidemment, aux fleurs abandonnées et se demanda si son ami, les découvrant, y avait perçu, même confusément, le signe que sans y penser il avait voulu lui laisser.

Continuant à longer le fleuve, il songea, autant pour s'en moquer que pour s'en désoler, à la chimère familière qui l'avait fait tenir en éveil jusqu'au bout de la nuit, jusqu'à cet instant où son désir était enfin entièrement éteint, toute sa matière consumée dans une flamme claire et stérile. C'étaient toujours des moments difficiles, des moments où il se sentait écrasé, dangereusement fatigué, inutile et invisible.

Fredonnant d'une voix qu'il savait être horriblement fausse une succession de chansons particulièrement tristes, il regagna son logement et mit les fleurs dans l'eau, avant de se glisser dans le sommeil.

Il savait que, désormais, il ne pourrait plus voir un bouquet de pivoines sans penser à Steeve.

L'inauguration

À Gino et Tina

Dans quelques jours, il lui faudrait quitter cette ville
où il habitait maintenant depuis presque six ans. Il
avait toujours repoussé les démarches, administra-
tives entre autres, qui officialiseraient sa résidence,
usant sans détours particuliers des facilités qui per-
mettent aujourd'hui à l'honnête citoyen de circuler
à peu près comme bon lui semble sur un territoire à
l'échelle d'un continent et de séjourner, en tout lieu,
quelques semaines, quelques mois, ou plus.

Dans ce provisoire à la stabilité sans cesse diffé-
rée, sans les désirer, sans s'en apercevoir – mais
est-ce autrement qu'elles s'installent ? – des habi-
tudes étaient nées. Une fréquentation de lieux, de

personnes, qui se voulait détachée, mais qui n'en était pas moins obstinée. La rigole courant sur la margelle de granit, avec son chant léger, la creusera tout aussi bien que le rude impact du burin sonore. Il en était allé ainsi pour l'*enoteca* située – dissimulée – dans le quartier du Ghetto et tenue par une unique famille ; il en avait fallu, du temps, pour démêler sans poser de questions les liens, parentèle ou alliance, qui en unissaient les membres. Sans voir, sans comprendre, sauf des années après, que couvaient sous la belle harmonie apparente des rancœurs larvées. Ou alors était-ce – confort des étrangers – de ne pas vouloir admettre quelque chose qui compromettrait la vision idéalisée d'un exil librement choisi, et partout revendiqué comme un meilleur présent. Quelle preuve plus évidente, d'ailleurs, que cette complicité installée dès le premier déjeuner, qui procurait ce sentiment d'être immédiatement *chez soi*, et que l'on était, depuis toujours mais sans le savoir, *d'ici*. Que, finalement, l'on n'était pas parti d'un endroit pour aller vivre dans un autre, que l'on n'avait pas quitté quelque chose, mais que l'on était, tout simplement, revenu.

Mais l'*enoteca* avait fermé ses portes pour renaître plus spacieuse ailleurs, pas très loin, toujours dans le *centro storico*, mais ce n'était plus le Ghetto. Une nouvelle *enoteca*, que l'on inaugurait ce soir.

Depuis quelques minutes, la tristesse montait en lui en nappes fluctuantes, comme une marée. Dans ce lieu trop grand, dont la décoration parfois pas très heureuse accentuait l'étrangeté, il ne se sentait pas à son aise. L'étonnement, aussi, que quelques phrases plaisantes dissipèrent, de découvrir Gino cravaté et costumé plutôt qu'arborant son éternel tablier blanc noué sous la panse.

L'amie qui l'accompagnait devisait gaîment sur le fait qu'elle connaissait depuis plus de vingt ans la tribu recevant ce soir dans ce nouveau lieu, et il se demanda comment il était possible d'évoquer joyeusement cela, et puis aussi à quoi pouvait ressembler Gino lorsqu'il avait vingt ans ; et puis aussi, une fois de plus, pourquoi Gino se comportait ainsi, lui passant la main dans le cou puis sur la poitrine, amorce d'une caresse osée qui jamais n'avait abouti.

Ensuite, on avait goûté du vin blanc puis du rouge, tout en dégustant la nourriture accommodée par Tina, et toute pensée sombre aurait été un péché, pire, une offense. Toute pensée, même la plus obsédante, devait céder pendant que s'évanouissait à regret le moelleux d'une mortadelle aux truffes ou qu'explosait une fleur de courgette fourrée d'une crème épaisse et épicée.

C'est juste après que l'absent s'imposa.

Il n'avait personne à qui dire que, malgré le décor un peu raté, toute l'Italie – enfin l'Italie qu'ils aimaient – était là, dans l'abondance à la limite de l'écroulement du buffet des fromages, dans leur ordonnancement étagé, dans cet amoncellement généreux et débordant, visible aussi dans les fruits entassés sur de larges plats creux de céramique laiteuse marbrée de vert céladon.

Dans le brouhaha qui s'intensifiait, il s'était soudain senti profondément étranger à cet endroit, à ce moment, à ces hommes aux voix assurées qui se faisaient déposer par leur chauffeur devant l'entrée et que Gino accueillait chaleureusement. Ces hommes aux barbes bien taillées, en forme d'écusson ; ces hommes dont la manche du costume impeccablement coupé se retroussait, laissant voir un poignet velu où l'or scintillait, ponctuant d'étincelles un verbe haut et gestuel.

Ces hommes dont aucun ne lui accordait, semble-t-il, un regard.

Ce regard, celui qui était désormais dans une autre ville, il le lui aurait donné, et alors, ensemble, ils auraient pu mêler la nostalgie de l'ancienne *enoteca* au plaisir d'être associés à la naissance de la nouvelle.

Alors ils auraient été ensemble simplement un peu mélancoliques, mais ivres et souriants.

Alors la vague le submergea, ses yeux s'embuèrent et il se réfugia dans les toilettes pour que personne ne le voie pleurer en se demandant qui était cet exalté au vin triste.

Alors il partit à la dérive dans cette ville dont il est impossible de dire la beauté, parce qu'il faudrait parler toutes les langues – à la perfection – et il salua les palais, les frontons, les corniches contournées, les places irrégulières et les fontaines mousseuses, les pavés inégaux, les églises fermées, les vierges à l'angle des rues et les oratoires où luisait une bougie dans un verre rouge, les arcs, les colonnes et les ruines, les ponts de travertin, les vues. Chaque lieu, il s'efforça de le regarder comme s'il devait être la dernière image que ses yeux brouillés de larmes discerneraient avant la nuit.

Alors, il sut que ses adieux étaient faits, que son chagrin était bu et qu'il pourrait, puisqu'enfin il le fallait, partir sans se retourner.

Marienbad

À Alain M.

Pendant toute la semaine, il y avait pensé, et il se récitait intérieurement des fragments de dialogue, tantôt la voix off, obsédante, de Giorgio Albertazzi et tantôt les intonations distanciées de Delphine Seyrig. Les images, alors, surgissaient. Elle et lui aux pieds de cette statue, la foule élégante se pressant dans les salons rococo dont les ors étincelaient malgré le noir et blanc, le jardin à la française désert. À ces réminiscences se mêlaient des plans provenant d'autres films comme le Diable frappant rageusement les amants éternellement figés, la Belle fuyant dans une allée bordée de chiens de pierre, ou des convives désœuvrés, éméchés, s'enthousiasmant en italien pour un palet glissant sur un carrelage à damier, souvenirs de tant de séances de ciné-club en joyeuse et intelligente compagnie durant ses études.

Karlsbad avait été comme un prélude. Comme il n'en avait aucune représentation, nulle appréhension – celle d'être déçu par exemple – n'était venue précéder l'émerveillement, et même celui-ci avait, pour quelques heures, réussi à dissiper une anxiété anormale qui, durant tout le trajet jusqu'à la première de ces villes d'eaux qu'ils avaient prévu de visiter, était montée, mascaret lent et irrépressible.

Bien entendu, c'était stupide. Il savait parfaitement, depuis longtemps, depuis le début presque, que le film n'avait pas été tourné là. Que cela n'avait été ni possible, pour des raisons économiques et politiques, ni même, certainement, souhaité, bien que ce ne fût pas la même démarche que la Duras évoquant les fastes de l'Ambassade de France aux Indes dans un pavillon de Neauphle-le-Château en faisant glisser des femmes éthérées en robe Paco Rabane. Non, Resnais avait pris soin de placer autour des personnages de Robbe-Grillet un décor plus que plausible. Tellement crédible que, pour des milliers et des milliers de spectateurs, Marienbad était, définitivement, cet hôtel du XVIIIe siècle dont la façade s'ouvrait sur un parc à l'ordonnancement sévère.

La nuit avait été longue, l'angoisse imposait son étau et, s'il l'avait osé, il aurait renoncé. Ce n'aurait pas été aimable pour son compagnon de voyage. Et aussi que dire ? Durant des semaines, ils avaient évoqué – dans la joie et cette convoitise d'enfant qu'ils mettaient dans tant de leurs envies – cette escapade, et à quelques kilomètres il aurait fallu rebrousser chemin ? Et puis, il ne pouvait pas y avoir de déception : d'une part, il savait pour le film, et d'autre part, tout ce qu'il avait pu lire sur cette ville d'eau la décrivait comme un enchantement.

Il ne fut pas désappointé, effectivement. Le temps, maussade jusqu'alors, s'éclaircit soudainement à leur entrée dans le bourg et la montée dans le parc vallonné en direction des établissements thermaux leur tira des exclamations de ravissement. Son compagnon s'essaya à chantonner du Barbara mais les paroles lui échappaient et il se contentait de terminer ses vocalises par « ... *à Marienbad* ». Ce petit jeu, avec pause, occupa un long moment de leur déambulation. Des fragments revenaient, où il était question de château, de jade, mais ils ne réussirent pas à reconstituer un couplet ou un refrain dans son entier.

Le déjeuner, tardif, fut joyeux, et tandis que son ami s'attardait aux lavabos, il ferma les yeux pour se concentrer sur la plénitude que – malgré le temps et la distance – la complicité les unissant faisait surgir en lui.

Le retour fut souvent silencieux, mais jamais morose – comme cela pouvait arriver parfois, quand une de leurs excursions s'achevait dans le regret qu'il faille, pour des contingences, s'arracher à une ambiance dont les attraits n'étaient pas tous épuisés.

C'est dans son lit qui tiédissait, où une fois de plus le sommeil le fuyait, que le chagrin arriva.

Dans un éclair lui revinrent en mémoire des paroles de la chanson dont son compagnon de voyage avait fredonné l'air durant tout le dimanche :
« *Mais, où donc êtes-vous ?*
Vous chantez vos aubades
Si loin de Marienbad. »

Alors oui, c'était fini, c'était certain.

Jamais plus, avec Franck, avec Naja, avec la bande adulée de cette époque-là, ils ne rejoueraient, tard dans la nuit, dans la fumée des cigarettes, dans l'ivresse des vins médiocres que leur autorisaient leurs moyens d'étudiants, des scènes extraites du film. Tout cela était terminé depuis longtemps, déjà ; si longtemps.

Il constata, une fois de plus, de quelles amertumes se paient certains plaisirs.

Il eut mal, mais il put enfin pleurer, en sachant pourquoi.

Le marron et l'orchidée

À Dany

Depuis sa prime enfance, il élaborait des petits rituels, dont il ne parlait à personne. Un de ceux qu'il avait instaurés, dans sa quatrième année – un jour où sa mère l'avait emmené à la vogue –, était de ramasser, à chaque début d'automne, un marron tombé à terre et de le conserver, dans une coupe ou une boîte posée sur son bureau, jusqu'au printemps ; quand arrivait la belle saison, le marron luisant et rebondi, choisi parmi les plus gros, les plus lisses et les plus réguliers, était devenu une chose bosselée, terne et racornie. Alors il le jetait.

Cette année-là, il ramassa son traditionnel marron le 1er octobre, à quelques mètres de la porte du service hospitalier où agonisait sa mère. Il ne passa pas comme d'habitude plusieurs minutes à chercher le plus beau, retournant les bogues éclatées, éventrant celles encore intactes, il aurait trouvé cela frivole – en la circonstance – et se contenta d'en sélectionner, en un coup d'œil circulaire, un qui fût présentable.

Il venait rendre visite à sa mère en début de soirée, prenant le relais de son père, présent tout l'après-midi accompagné parfois d'autres membres de la famille. Il aurait pu venir plus tôt, mais il avait du mal à supporter d'être à plusieurs au chevet de la mourante ; il avait surtout du mal à supporter l'espèce d'acceptation dont tous semblaient faire montre. Il espérait aussi, confusément, sans trop vouloir y penser – car il se sentait coupable et égoïste d'y songer en ces moments –, que sa mère lui parlerait, parce que tout, selon lui, n'avait pas été dit d'une histoire qui ne regardait qu'eux.

Mais sa mère ne lui parla pas.

Il se dit par la suite que s'il avait manifesté cette attente, sa mère y aurait peut-être accédé, mais il avait respecté ce silence, mais il sut qu'il avait bien fait, quand il découvrit plus tard comment durant ses dernières semaines sa mère avait, avec son père, pris plusieurs dispositions et le soin de régler un grand nombre de détails. C'était donc qu'elle avait agi en pleine lucidité. Il considéra alors comme un ultime cadeau qu'il lui aurait fait d'avoir résisté à l'envie de rouvrir le livre de sa vie à un chapitre douloureux pour elle.

Le soir du 1er octobre, on pouvait observer par la fenêtre un ciel féerique. Un de ces ciels que l'on croirait truqué si on le voyait en photographie, que l'on croirait inventé si on l'observait peint. Un amoncellement, un éboulement, un écroulement de roses, de turquoises, de noirs, frangé de bleus sombres et marine, taché de blancs opalescents, piqueté de jade, éclaboussé d'or et de cuivre. Il souhaita que sa mère regarde ce ciel incroyable, ce ciel magique, qu'elle voie quelque chose de beau, de sublime même, à la place de cette chambre fonctionnelle, et que sa fonction rendait hideuse.

Mais sa mère ne voulut pas.

C'était comme pour l'orchidée, une tige unique se recourbant en angle droit, portant de nombreuses fleurs cireuses – panachées de blanc et de mauve – et éclatantes de vitalité.

Il n'y avait jamais d'autres fleurs dans la chambre, sa mère, depuis le début de sa maladie, étant incommodée par leur senteur et l'odeur de leur décomposition. Mais l'orchidée – un phalænopsis – n'avait pas de parfum.

Sa mère avait fait installer le pot contenant la plante exotique sur la table de chevet de façon qu'il lui soit impossible de la voir, sauf en tournant la tête complètement de côté, ce qu'elle ne faisait jamais, mais le visiteur, quelle que soit la ruelle qu'il choisisse pour s'asseoir auprès du lit de la malade, ne pouvait échapper à la vue de cette plante incongrue dans cet univers restreint de couleurs fades et passées, de métal et de plastique.

Il comprit que sa mère avait fait le choix de ne plus voir la beauté du monde, sans doute pour ne pas avoir à le regretter, ou alors pour que cela soit plus facile, de partir, d'accepter de partir à un âge où pour tant d'autres la vie est loin d'être achevée. Il reconnut là un trait de caractère qu'elle avait, cette capacité à trancher dans le vif, à refuser les compromis, à prendre des décisions et à s'y tenir, quoi qu'il en coûte.

Alors lui aussi il détourna son regard de ce ciel insupportable et baissa le store pour la nuit.

Trois mois après les obsèques, il trouva, au fond de la poche d'un blouson qu'il voulait faire nettoyer, le marron et éprouva sous le gras du pouce les ridules en formation sur l'acajou qui ne luisait plus.

Bien entendu, il pleura.

Longuement.

Le visage dans ses mains.

Il pleura bien plus qu'il n'avait pu le faire jusqu'à présent, car il n'avait pas réussi à pleurer, il n'avait pas voulu pleurer vraiment. Pleurer, cela aurait signifié accepter, et il se refusait à accepter la disparition de sa mère, de se faire à cette idée terrible de la disparition de sa mère, que ce lien, singulier entre tous, soit à jamais brisé.

Au printemps, il acheta un phalænopsis, mais plus jamais il ne ramassa de marrons quand arrivait l'automne.

Non, jamais il n'oublia de ne pas ramasser un marron, quand arrivait le début de l'automne.

Les simonies

Se blinder

C'est dans sa onzième année que Simon rencontra Serge, qui était son aîné de quelques mois.

Il n'y eut pas de coup de foudre, mais la lente croissance d'un attachement qui atteignit son apogée à la puberté. La chose la plus terrible, en fait, était que cette affection était réciproque, même si elle n'était pas symétrique. Ils étaient très différents l'un de l'autre. Serge était très masculin, sportif, manuel et, semble-t-il, peu enclin à l'introspection. Simon, portant lunettes depuis sa petite enfance, détestait les activités physiques, lisait plus que de raison et était habité depuis toujours d'une solitude et d'une sensibilité qui s'exacerbaient l'une l'autre. Cette dernière disposition porta sa passion pour Serge jusqu'à l'incandescence et la maintint dans cette intensité jusqu'à ses dix-huit ans passés.

Simon ne s'expliqua jamais pourquoi Serge l'avait élu, et surtout quelle loyauté le poussa à défendre, envers et contre tout, cette amitié singulière. Il découvrit, devenu un homme, qu'il avait été, contrairement à ce qu'il avait cru, un très bel adolescent, mais il ne pensa jamais que cela eut pu avoir une importance pour Serge.

La différence de Simon fut rapidement stigmatisée par ses camarades de scolarité, avec cette brutalité et cette cruauté qui échappent au regard des adultes, qui pourtant en sont souvent les modèles. Il ne fut pas martyrisé, mais était régulièrement en butte à des moqueries, à des remarques désobligeantes, à des insultes, et le plus souvent exclu des activités de groupe. Il en était parfois peiné, mais pas outre mesure et son goût pour la lecture le consolait facilement, d'autant plus que la culture qu'elle lui conférait, alliée à une intelligence vive et précoce, lui valait, en revanche, l'intérêt et la sympathie des adultes, en général ses enseignants.

Serge n'avait pas proprement à le défendre – ils ne fréquentèrent le même collège qu'une seule année, dans des sections différentes – mais fut sans doute souvent interpellé sur cette relation, même s'il ne s'en ouvrit à Simon qu'une seule fois.

Ils se voyaient donc chez l'un ou chez l'autre, le plus souvent chez Serge, dont les parents possédaient une maison avec un grand jardin. Mais surtout ils se voyaient dans l'activité où ils s'étaient rencontrés : le scoutisme.

C'était, dans ces années-là, et dans cette petite ville là, un scoutisme bon enfant, loin de toute influence idéologique affirmée, sans militantisme politique et dont les dirigeants locaux ne nourrissaient aucun fantasme paramilitaire. Bien entendu, le mouvement était d'obédience catholique, mais absolument dans la vague d'ouverture et de tolérance du concile Vatican II.

Simon intégra les éclaireurs – qu'on ne rejoignait normalement qu'à douze ans et où évoluait déjà Serge – un peu jeune mais on l'avait trouvé trop mature pour le groupe des louveteaux.

Ils commencèrent à se fréquenter, mais de façon distante et silencieuse. Serge parce qu'il était par nature taiseux, peu à l'aise avec la parole, et Simon parce qu'il était dans la crainte d'être rejeté. Pourtant, il n'était nulle part plus heureux que pendant ces activités de scoutisme, où il était reconnu et intégré, les valeurs prônées par Lord Baden-Powell valorisant autant le mental que le physique. Dix-huit mois après l'arrivée de Simon, la troupe grandissant, Serge fut appelé à créer une nouvelle patrouille, c'est-à-dire à prendre la responsabilité d'une huitaine de garçons rassemblés sous un totem animalier, et la première décision lui revenant en tant que chef de patrouille était de se choisir un second.

Convoqué devant le conseil de troupe – c'est-à-dire l'assemblée composée du chef de troupe, de son adjoint, et des chefs de patrouille –, Simon s'y présenta vaguement inquiet, le conseil ayant aussi à traiter les questions de discipline et de comportement, mais il demeura stupide lorsqu'on lui demanda s'il acceptait le choix de Serge de le prendre comme second, et ce que cela impliquait. Il finit par se ressaisir et déclara qu'il ferait de son mieux pour assumer cette fonction, tout en regardant Serge, qui lui gardait les yeux rivés au sol, attitude qui lui était familière lorsqu'il était embarrassé.

Ce fut la période heureuse, pour Simon, de leur amitié. Le duo fonctionnait parfaitement en raison de leur complémentarité et ils étaient amenés à se voir très souvent pour préparer les activités de la patrouille. Être scout n'impliquait pas une vie de béni-oui-oui, même si cet état leur inculquait un ensemble de valeurs. Une fois ôté leur uniforme, ils avaient les mêmes préoccupations et les mêmes centres d'intérêt que la plupart des adolescents de leur âge : musique pop et rock, poids du carcan familial. Ils partagèrent leur première cigarette, parfois Serge parlait des filles ; Simon, alors, ne disait rien et écoutait.

À quatorze ans, Simon passa sexuellement à l'acte avec un camarade un peu plus âgé qui l'avait explicitement sollicité, et il recommença régulièrement, toujours avec le même, qu'il ne voyait que pour cela. En quelques mois, goût et curiosité aidant, ils explorèrent la palette des caresses et leurs congrès n'avaient rien à envier aux plus aboutis. Ces rapports cessèrent trois ans plus tard, lorsque son partenaire, pas très beau garçon mais chaud lapin, se fut trouvé enfin une petite amie qui acceptait d'aller au-delà du pelotage. Entretemps, il eut aussi quelques expériences sans lendemain avec des adultes assez perspicaces pour lire à travers la candeur de ses yeux clairs, à moins que celle-ci ne constituât justement pour eux un attrait supplémentaire.

Avec Serge, leur familiarité et leur intimité leur fournirent de nombreuses occasions d'ajouter une dimension charnelle à leur amitié, mais cela ne fut pas.

Simon savait que son attirance pour les personnes de son sexe était condamnée et il était d'une prudence extrême dans la manifestation de celle-ci. Jusqu'à sa découverte de la chair et de ses joies, l'absence d'un aspect physique dans sa relation avec Serge ne le dérangea pas vraiment – il était d'une famille où l'on ne se touchait pas, hormis pour le vespéral baiser maternel – ensuite, en quelque sorte, il se dissocia. Enfin, dans sa quinzième année, il commença à souffrir.

Cela n'eut pas de conséquences dans sa vie quotidienne et ses contingences ; il demeura bon fils, bon élève et bon scout. Il était peut-être un peu plus renfermé et un peu moins souriant. La littérature ne l'aidait pas vraiment, surtout le XIXᵉ siècle, car si Racine lui étrilla l'âme, Stendhal jeta dessus du sel et de l'alcool et Musset en arracha des morceaux entiers. Il ne put rien avaler au dîner l'après-midi où il acheva la lecture de *Madame Bovary*.

Avec de telles influences, il se persuada sans peine que le curseur du rhéostat amoureux ne comportait que deux positions : soit l'on souffre parce qu'on est loin de l'être aimé, soit l'on souffre parce qu'on est près de lui. Aucune n'est préférable à l'autre, on les alterne quand la douleur devient trop forte, comme on s'arracherait un ongle pour se distraire d'une rage de dents.

Il avait toujours été un peu porté à la rêverie, mais il se mit à élaborer, en attendant un sommeil qui le fuyait, des scénarios alambiqués qui suivaient en gros deux schémas principaux. Dans le premier, héroïque et sublime, il se sacrifiait pour Serge, et expirait dans son étreinte compréhensive mais trop tardive ; dans le second, Serge, gravement accidenté, défiguré et abandonné de tous sauf de lui, finissait par reconnaître l'amour sous l'abnégation. Ses lectures lui fournissaient décors et accessoires ; l'été où il dévora Dumas et Zévaco fut particulièrement rocambolesque.

L'année de leurs dix-sept ans, Serge sortit avec sa première fille, et Simon commença à songer de plus en plus fréquemment à se supprimer. Seule l'idée du chagrin qu'il causerait à sa mère le retint.

L'été de leurs dix-huit ans fut le point d'orgue de leur histoire. Fils d'ouvrier tous les deux, ils travaillèrent chacun durant deux mois et, en septembre, partirent seuls, avec leur sac à dos, pour la Côte d'Azur. Ils partagèrent une mini-tente et Simon passait ses nuits à écouter le souffle de son ami puis, quand l'aube arrivait, à le regarder dormir. Un début de soirée, sur une plage presque déserte, alors qu'ils regardaient, silencieux comme souvent, le soleil entrer dans la mer, Serge, se couchant sur le ventre, lui demanda s'il pouvait lui extirper les points noirs qu'il avait dans le dos. Dans la nuit, Simon se réveilla en sursaut : Serge ronflait, et lui, il venait d'éjaculer dans son sac de couchage.

En octobre, Serge partit pour l'armée, Simon entra à l'université et entama une liaison tumultueuse avec un homme de quinze ans plus âgé. Il ne revit Serge qu'une seule fois, seize mois plus tard, pour son mariage.

Cette relation de plus de sept années entraîna plusieurs conséquences pour Simon. Tout d'abord il considéra toujours que la forme normale, canonique, absolue, de la passion amoureuse est de ne pas être partagée, ensuite et peut-être en conséquence, il se tint toujours au principe selon lequel on doit taire ses sentiments, surtout quand ils sont forts ; enfin, il fit de l'impassibilité un art de vivre et resta maître dans la manière d'éprouver des sensations d'autant plus intenses que rien n'en transparaissait.

On imagine sans peine que, avec de telles idées, sa vie sentimentale d'adulte fut absolument désastreuse, au moins jusqu'à ses quarante ans.

Arrête ton cinéma

À Naja et Franck

Simon avait toujours été frappé par le nombre de personnes qui vont seules au cinéma. La fréquentation des salles obscures étant pour lui-même une pratique plus volontiers individuelle que collective, ou même simplement duelle, il avait fini par se mettre en tête qu'un soir de semaine, ou un dimanche après-midi sombre et pluvieux, il ferait la connaissance, à l'issue d'une projection, d'un autre solitaire dans son genre.

Il se le représentait, séduisant dans son isolement, occupant dans la salle l'emplacement que lui-même affectionnait, un des fauteuils centraux sur la ligne délimitant le premier tiers de la salle en partant de l'écran. Il faudrait alors décider très vite, naturellement, dans le mouvement, de sa propre stratégie de placement ; devant ou derrière, légèrement en quinconce, pour ne pas gêner ou être gêné par une tête, ou alors carrément sur la même rangée, à deux ou trois sièges d'intervalle. Cela dépendrait en partie du remplissage de la salle. Lorsque des individus ne se connaissant pas emplissent progressivement un espace délimité pour l'occuper quelque temps, ils obéissent à la même loi qui veut que les molécules d'un gaz se répartissent de manière uniforme dans tout le volume qui leur est imparti. Tout placement enfreignant cette règle ne peut qu'être porteur d'une intention, ou sera perçu comme une intrusion, voire une agression.

En quelques pas, il faudrait donc se livrer à un calcul inférentiel complexe pour trouver une place dont le choix pourrait paraître intentionnel, proposant délibérément une ouverture sans constituer une franche provocation ou une invite explicite.

Durant la projection, il y aurait quelques coups d'œil furtifs, dont la réciprocité – ô battements de cœur ! – serait l'indice d'un intérêt partagé.

Arriverait alors le générique de fin, dont Simon suivait toujours sans impatience le long déroulement, parfois sous le prétexte d'identifier les morceaux musicaux ayant accompagné le film et qui apparaissent parmi les dernières informations, juste avant le type de pellicule utilisée, mais sachant en fait que la durée de l'énonciation, dans le film lui-même, des différents intervenants ayant concouru à sa réalisation, représentait pour lui une indispensable transition entre deux réalités.

Le plus souvent le dernier à quitter la salle, il parcourait à pas lents les couloirs et les escaliers menant à la sortie. À pas lents, car il y avait cet espoir obscur et dérisoire que l'autre l'attendrait dehors, qu'ils se souriraient et se présenteraient, puis iraient prendre un café pour partager leurs impressions et leurs émotions sur la projection à laquelle ils venaient d'assister, et que de là ils échangeraient sur leurs goûts et leurs enthousiasmes cinématographiques puis, plus généralement, sur leurs centres d'intérêt, qu'il y en aurait de nombreux en commun, et que ce serait l'indice d'une complicité possible, préalable essentiel pour une histoire à venir et qu'il leur appartiendrait d'écrire.

Cela n'arriva jamais, bien entendu.

De telles conjonctions, si elles sont fréquentes sous la plume des scénaristes, ne sont qu'excessivement rares dans la vie, la vraie.

Simon regagnait alors, la démarche alourdie par le poids de sa solitude, son logement, ou, si l'horaire le permettait, il achetait un billet pour la séance suivante d'un autre film, tâchant de franchir la porte battante avec son espérance intacte.

47

Le temps passait, les années s'écoulaient. Une nuit d'insomnie, il calcula qu'il avait vu deux mille films environ, dont une centaine deux fois, et un tout petit nombre plus d'une dizaine.

Il se demanda, cette nuit-là, où étaient toutes ces images, refuges et arcs-boutants contre l'isolement et son effroi.

Un plan, une séquence, un dialogue... Rescapés, échoués sur les berges du lent fleuve de la mémoire, qui draine imperceptiblement les débris de nos vies – les ordures comme les joyaux – vers l'océan de l'oubli, dépotoir de nos souvenirs.

Ces nuits-là, quittant l'insupportable mollesse de sa couche dont les tiédeurs solitaires favorisaient une nostalgie régressive, il ouvrait un nouveau paquet de blondes sans filtre, réchauffait un reste de café, s'installait dans son *club* favori – un peu avachi aux accoudoirs éraflés dont l'amical cuir froid se réchauffait sous ses bras – et, le visage en bordure du halo de l'abat-jour du lampadaire, s'interrogeait une fois de plus sur l'intérêt de continuer ainsi, dans cet engourdissement traversé d'élans douloureux, et si peu souvent illuminé.

Puis son regard tombait sur la table basse Art déco, au plateau d'acajou mordu de quelques brûlures de cigarettes négligentes, jonché des feuilles ronéotypées de couleurs pâles où figurait la présentation de la programmation des salles de cinéma qu'il fréquentait ; saisissant alors son vieux stylo de bakélite bagué d'argent, il commençait à cocher les films à voir dans les jours ou les semaines à venir.

Le hussard

À A. B. de K.

À l'époque où Simon fit la connaissance de Sacha, cela faisait déjà une huitaine d'années qu'il pensait avoir perdu la faculté de tomber amoureux – car tel avait été le prix à payer, croyait-il, pour se reconstruire –, aussi fut-il particulièrement surpris de ressentir les manifestations traditionnelles de cet état, mais s'y abandonna, dans un premier temps, avec délectation.

Il ne s'étonna guère, en revanche, de comprendre rapidement que Sacha n'était pas tout à fait dans les mêmes dispositions.

Lorsqu'ils se rencontrèrent, c'étaient tous deux des hommes faits, si l'on entend par cette expression qu'ils avaient depuis plusieurs années opéré les choix de vie que les forces enfouies en chacun de nous autorisent à discerner, et qui maintiennent par là l'illusion que notre libre arbitre est entier.

Pour simplifier, disons que Simon s'était engagé sur la voie austère et difficile d'une forme discrète et intériorisée de renoncement passif au monde tel qu'il est organisé pour la majorité, tandis que Sacha travaillait activement à s'opposer à la doxa, qu'elle soit politique, professionnelle, relationnelle, culturelle ou sociale, revendiquant haut et fort – non sans humour et avec une verve plaisante – une différence qui, suivant les occasions, le faisait passer pour un simple original, un excentrique amusant, un trublion plus ou moins sympathique, un barjo complet, ou quelqu'un d'absolument infréquentable.

La première fois qu'ils se virent, chez Sacha, l'intentionnalité de la rencontre était purement sexuelle. Mais après avoir baisé, très agréablement, bien que de façon quelque peu rapide, presque expéditive, ils commencèrent à parler, allumant cigarette sur cigarette et buvant force café. C'est surtout Sacha qui alimentait la conversation, passant sans transition d'un sujet à un autre, visiblement content d'avoir un nouvel auditoire à qui exposer sa vision provocante du monde. Il en fallait bien plus pour choquer ou même surprendre Simon, mais il était profondément troublé par ce qu'il découvrait de l'appartement de Sacha, et, tandis que celui-ci lui parlait, il déambulait en lui répondant par des phrases courtes et vagues, concentrant son attention sur le contenu de la bibliothèque et de la discothèque, détaillant les objets dans les vitrines, examinant les gravures, admirant la facture du clavecin.

Au bout d'une heure, Simon prit congé, un peu rapidement mais sans sécheresse.

Ils reprirent contact par téléphone la semaine suivante au début de la matinée et décidèrent de se revoir dans le quart d'heure suivant. Ils baisèrent tout aussi fougueusement que la première fois – à la hussarde, comme le commenta Simon.

Pendant le café, Simon se mit à chantonner l'air de Caron, dans *Alceste ou le Triomphe d'Alcide*. Sacha vit un hasard là où il y avait un projet et se précipita, torse nu et joyeux, au clavecin pour accompagner. Simon enchaîna avec la plainte de la Nymphe de la Seine dans le prologue ; il chantait mal et faux, mais Sacha s'en moquait, tout à la joie d'avoir rencontré un amateur de baroque connaissant par cœur les paroles et en gros la mélodie d'une vingtaine d'extraits d'opéra de Lully, de Rameau et de Charpentier. Sacha n'avait pas les partitions et, travaillant à l'oreille pour retrouver les airs, se trompait et recommençait en riant aux éclats. Entre deux reconstitutions, ils évoquaient des mises en scène qu'ils avaient vues, des enregistrements qu'ils possédaient, de compositeurs moins connus, comme Leclair. Plus tard ils parlèrent de Nimier, amené habilement sur le tapis par Simon et que Sacha vénérait. Ils déjeunèrent dans une gargote sympathique et roborative du quartier en devisant de peinture, de rugby, de tapis, de Rome et de Saint-Pétersbourg, entre autres. Ils continuèrent durant l'après-midi, qui passa en un éclair. Ils firent de nouveau l'amour.

Après cette journée magique, Simon comprit qu'il était en danger. Que s'il vivait d'autres journées comme celle-ci en sa compagnie, il allait très vite s'attacher à Sacha, et que cet attachement le ferait souffrir. Terriblement.

Durant quelques semaines, il joua avec le feu, profitant de l'euphorie du sentiment amoureux, réchauffant son âme engourdie. Plus Sacha, tout à son personnage, se montrait provocateur, odieux, cynique, et plus Simon discernait la fêlure sous le masque, l'entendant dans sa voix curieusement éraillée par tant d'imprécations ; il avait envie de le prendre dans ses bras, de le serrer fort contre lui et de lui murmurer : « Tu n'as pas besoin de cela, tu sais ; pas avec moi… », mais il n'en fit rien, il savait que c'était peine perdue, que cela faisait longtemps que le petit garçon qu'avait été Sacha aurait dû être consolé, que cela n'avait pas été et que cela ne se pouvait plus.

Pour s'exonérer en partie des regrets qui ne man-
queraient pas de suivre, Simon s'ouvrit discrètement
bien qu'assez explicitement à Sacha des sentiments
qui l'agitaient mais il n'obtint en retour qu'une indif-
férence à peine polie, voire moqueuse, teintée même
d'un peu de sarcasme. Sacha, selon ses propres mots,
avait fait de sa vie une œuvre d'art et dans la perfection de celle-ci, Simon pensa qu'il n'y avait pas de
place pour lui. Il maîtrisa le tremblement froid qui le
parcourait, alluma une cigarette et avala une gorgée
de café pour se donner le temps d'être certain d'avoir
toute sa contenance lorsqu'il faudrait parler de nouveau, et c'est d'une voix légère qu'il lança la conversation sur un sujet quelconque.

Simon était fier de lui, en quelque sorte. D'une part
il avait réussi à dire ce qu'il avait à exprimer et d'autre
part il était parvenu à se dominer. La discordance
des sentiments entre lui et Sacha ne le gênait pas, et
même elle lui parut aller de soi. Une fois de plus,
le hasard faisait très mal les choses : vingt ans dans
la même ville, où tout le monde se connaissait, ne
leur avaient pas laissé le loisir de se rencontrer plus
tôt malgré le nombre de centres d'intérêt qu'ils par-
tageaient.

Plus tôt, c'était pour Simon une époque vague, une
époque où ils se seraient reconnus, où une histoire

entre eux aurait été possible, une époque où ils auraient cru encore que c'était possible de rencontrer
quelqu'un qui soit tout : un amant, un ami, un partenaire, un compagnon, un frère ; une époque où
leurs divergences auraient eu moins d'importance
que ce qui les rassemblait, une époque où ce dont
ils rêvaient, adolescents, ne se serait pas encore fra-
cassé contre la dureté de la vie, sans espoir d'être re-
constitué.

Lors de ce que Simon savait être leur dernière rencontre, il essaya de graver dans sa mémoire le plus de
détails possibles : le timbre voilé de la voix de Sacha,
son souffle dans son cou, l'odeur de ses aisselles, la
forme de son sexe dans sa bouche, la brutalité de sa
saillie, son rire rocailleux, la couleur de sa toison, le
vert sombre de ses yeux, la blancheur de ses dents, la
disposition de son appartement, le décor du clavecin. Aussi intensément qu'il le pouvait, il se mit entier dans chacun des instants de ces deux dernières
heures, mais il savait que c'était vain, et que, probablement, il ne lui resterait que le souvenir d'avoir es-
sayé.

Après un ultime baiser qu'il voulut léger et détaché,
Simon posa son front quelques secondes sur le bois
de la porte refermée, puis commença à descendre les
étages, posant avec attention son pied au centre, usé,

des marches de pierre. Combien faut-il de pas rapides, inquiets ou feutrés pour creuser ainsi la roche ? songea-t-il, comme à chaque fois qu'il empruntait un de ces escaliers typiques des immeubles anciens de la grande cité, secrète, où il était né et où il vivait encore. Au fur et à mesure, son propre pas se faisait de plus en plus pesant, tandis qu'il fredonnait l'air de la Nymphe. Au rez-de-chaussée, une douleur intense, qu'il reconnut, lui déchira la poitrine, et, le souffle court, la vision brouillée par les larmes, il marcha le long du boulevard sans rien voir de la douceur de ce début d'été, en chantant sans fin :

« *Le héros que j'attends*
Ne reviendra-t-il pas ?
Serai-je toujours languissante
Dans une si cruelle attente ?
Le hussard que j'attends… »

La mécanique

À Y. P.

Lorsqu'il le vit apparaître sur la scène, Simon fut immédiatement conquis, car son regard de myope, qui gommait les détails des objets situés à plus de cinq mètre, discerna immédiatement que Maxime avait la silhouette, la stature et la corpulence des hommes qui, depuis toujours, éveillaient son désir.

Par désir, il faut entendre non pas tant l'intérêt sexuel qu'une envie – presque douloureuse à force d'être impérieuse – de se trouver au contact physique de l'autre, de sentir son odeur, son souffle et le grain de sa peau, de se lover dans son intimité.

Puis Maxime commença à parler et le charme se trouva achevé. La voix, légèrement et habilement amplifiée, était non seulement chaude, intense, sensuelle, mais aussi emplie de modulations graves et profondes. Une voix de séducteur et de roué, pensa Simon.

Cette opinion se trouva confirmée par la performance de Maxime qui – dans le cadre d'une importante manifestation culturelle consacrée au livre et à la lecture – se livra à l'exercice décalé mais ironiquement impitoyable de mettre en scène, bien plus que de lire, un texte de son cru pastichant avec férocité les travers d'une entreprise éditoriale substituant aux préoccupations littéraires les balourdises du *management* et du *marketing* en contexte ultralibéral.

Le hasard, malheureux une nouvelle fois, fit que Maxime était lié à la responsable de la collection où Simon était édité, et qu'il se joignit naturellement au petit groupe qui s'était formé en début d'après-midi et perdura jusqu'à une heure avancée de la nuit. Simon eut donc tout le loisir de considérer de près – au physique comme au mental – l'homme qui venait, à son insu, de mettre en branle une mécanique trop bien connue, mais à laquelle il avait, depuis plusieurs années, réussi à échapper – définitivement, croyait-il.

Maxime était moins grand et moins massif qu'il ne lui avait paru pendant le spectacle, mais cela ne surprit ni ne dérangea Simon, qui savait que la scène grandit ceux qu'elle expose à la lumière.

Dans l'heure qui suivit, autour de demis pression, il se déroula, dans le petit théâtre intérieur de Simon, une foule d'événements. Tout d'abord, assis à la gauche de Maxime, il put le détailler, ôtant régulièrement ses lunettes pour profiter de l'effet loupe de sa myopie. Il fut sensible à la carnation de blond, aux reflets des cheveux qui auraient bouclé s'ils avaient été plus longs, comme le montrait l'attendrissant épi à l'arrière de la tête ronde, petit accroche-cœur oublié par le ciseau du coiffeur, ou bien peut-être par lui laissé là comme un signe destiné aux attentifs. Simon observait aussi les yeux bleus, vifs et mobiles, brillant en harmonie avec l'intelligence des propos et où passait de temps à autre un éclair de malice, lors d'une des saillies bien senties et bien tournées qui émaillaient son discours. Car Maxime était un rhéteur, un de ces hommes pour qui le langage est un moyen, un allié, une arme.

Simon alors se tint sur ses gardes. Il venait de comprendre que Maxime était aussi éditeur, et non des moindres, et il ne voulut en aucun cas que son intérêt puisse être interprété comme une tentative de se placer en tant qu'auteur. Par ailleurs, et plus généralement, il savait que les hommes de langage jaugent en général les autres sur leur capacité en ce domaine, et il ne se sentait pas outillé pour rencontrer Maxime sur ce terrain.

Simon opta donc pour une attitude silencieuse et réservée, qui offrait selon lui plusieurs avantages. En se taisant, tout d'abord il pouvait se livrer tranquillement à toutes sortes d'inférences concernant la stratégie à élaborer pour séduire Maxime, ensuite il apparaissait comme modeste et quelque peu mystérieux, ce qui est toujours un avantage tactique, et surtout, il profitait pleinement des sensations prodigieusement agréables que lui procurait la fameuse mécanique – qu'il avait crue disparue – dans les premiers moments de sa mise en route. Cette tension élastique dans le plexus, ce léger goût métallique dans la bouche, ce picotement au bout des doigts, ces frissons qui font se relever les poils des avant-bras ; ce sentiment que tous les sens sont aiguisés comme sous l'emprise d'un excitant illicite démultipliant à la fois la finesse, l'intensité et le volume des perceptions. Il avait oublié comme c'était bon, comme c'était fort, comme ça donnait le sentiment d'exister vraiment. La reconnaissance qu'il éprouvait pour Maxime, de lui permettre de retrouver cet état dissocié, vint renforcer l'attirance qu'il ressentait pour lui. Simon nota la façon très particulière que Maxime avait de tenir sa cigarette, la découpe de ses oreilles roses, un pli qui se formait parfois sur la nuque dégagée.

Si la mécanique était si agréable, pourquoi Simon la redoutait-il ? En fait, il ne s'agissait que de la première phase. Ensuite viendrait la plus longue, celle, exaltante et épuisante, où il faudrait déployer des efforts pour séduire, interpréter les moindres signes, compter les points gagnés et perdus, adapter chaque mouvement aux circonstances en étant à la fois réactif et circonspect sans s'éloigner de la visée finale, contrôler ses impulsions sans trop les brider, apparaître naturel quand tout en lui ne serait que calculs et supputations. C'était pendant cette phase que progressivement l'excitation et l'euphorie céderaient le pas à la lucidité, à la prise de conscience de l'impossibilité de la tâche. Alors arriverait le moment, brutal et infiniment navrant, du renoncement. L'instant où il serait impossible de continuer à se mentir sur la convergence inexorable des indices qui démontrait l'infaisabilité de l'entreprise. Enfin, il y aurait la dernière partie, solitaire, celle d'une tristesse, d'un dégoût de soi, d'un désespoir qui seraient à la mesure du désir initial. Le moment des larmes dans la nuit.

Voilà pourquoi Simon était satisfait que ce schéma l'ait abandonné et qu'il était, au fond de lui, inquiet de voir se manifester à nouveau les symptômes – ô combien plaisants – de sa première phase.

Il se fustigea. Alors c'était ça : malgré le travail réalisé, les abandons consentis, les sacrifices faits, les exercices accomplis, les entraînements répétés, il n'était qu'un misérable camé prêt à retomber dans son vice dès qu'on le mettait en présence du stupéfiant adoré, et que trahissait déjà le tremblement convulsif de ses mains ; un chien galeux qui retourne à son vomi.

Et, en même temps, combien il était tentant d'essayer, d'y croire, d'autant plus qu'il avait jusqu'à présent très peu parlé, et que le peu qu'il avait dit et les silences qui s'ensuivaient piquaient explicitement la curiosité de Maxime. Cette curiosité qui est un des premiers grades de l'intérêt.

Simon distinguait maintenant comme un halo autour de Maxime. Il fallait faire quelque chose, rapidement, dans les minutes qui venaient. Quelque chose qui fausserait la mécanique, qui brouillerait le schéma. Partir, s'inventer des obligations et des engagements pour abandonner le groupe, quitte à se faire royalement chier pendant tout le reste du festival, ou alors se pencher vers Maxime, le saisir par une épaule et lui souffler à l'oreille : « Je te veux ! » Mais si la première solution présentait l'avantage de mettre Simon à l'abri, elle contrariait son idéal de stoïcisme, tandis que la seconde option n'avait d'existence que dans les films et les romans – et encore, pas des meilleurs.

N'y avait-il donc pas de troisième terme possible ? Était-il envisageable de continuer à se chauffer à l'aura qu'il percevait autour de Maxime tout en résistant à l'envie d'entrer dans cette lumière ? Comment lutter contre l'ange sans qu'il y ait ni vainqueur ni vaincu, ni triomphe ni humiliation ? Tenir pied à pied, sans se blesser ; ne pas céder d'un pouce à la mécanique, ne pas se déjuger, ne pas se démettre. Ce qu'il faudrait, c'est pouvoir observer la mécanique de l'extérieur et de l'intérieur en même temps, comme dans ces jeux vidéo où l'on peut alterner la vision subjective – une caméra à la place des yeux – du personnage que l'on incarne avec une vue d'ensemble de la scène où on le voit en situation dans le décor et par rapport aux autres protagonistes. Et puis, à tout faire, il faudrait une fonction de *zoom*, et puis aussi un accès au plan général, avec son personnage matérialisé par un petit point dans le labyrinthe où se déroule l'action.

C'est au processus qu'il fallait s'intéresser, pas à sa finalité ; connaître ses rouages, les démonter. Il ne s'agissait pas cette fois, se disait Simon, d'échapper à la mécanique, de lui résister, de la renvoyer dans des limbes d'où elle serait prête à ressortir un jour, pour une nouvelle joute, pour réclamer une immolation, quelle qu'elle soit.

Non, il y avait une vaine gloire dans cette façon de dompter le Minotaure en lui refusant son tribut et de le renvoyer chargé de chaînes qu'il pourrait briser un jour.

Non, ce qu'il fallait aujourd'hui, c'était terrasser la bête, lui éclater la tête sous le talon, faire jaillir ses entrailles et les disperser au vent, briser ses os, déchirer ses muscles, incendier sa graisse.

Ce qu'il fallait, c'est disséquer l'animal, si possible encore vivant, pour observer son intérieur, écarter la peau et la chair, examiner ses organes et leur fonctionnement, voir circuler les fluides et les humeurs. Le connaître à fond pour s'en défendre, prendre des notes…

Prendre des notes !

Simon sortit son calepin à couverture de moleskine noire et, discrètement, écrivit les quelques mots qui formaient l'ossature des phrases qui se construisaient dans sa tête. À la fois points d'appui et repères, ces petits groupes de paroles abrégées lui permettraient plus tard de retrouver tout le déroulé du paragraphe qui s'élaborait et de le retranscrire pour lui donner sa forme définitive.

Il nota : « *L'écriture contemporaine de la vie, c'est cela qui le sauvera.* »

Journaliste de sa propre existence, Simon passa le reste de la journée avec le groupe, il profita de la présence incandescente de Maxime et de l'effet qu'elle produisait en lui. De temps à autre, il prenait son carnet et notait une impression, une idée.

Dans la soirée, la forme, le contenu et la progression de son texte se mirent lentement en place. À une heure avancée de la nuit – mais pas encore assez avancée pour le groupe qui semblait n'avoir aucune intention de se séparer, de cesser de boire et de danser –, Simon n'y tint plus et fila à l'anglaise. Il chantonnait sur le chemin de son hôtel et, arrivé dans sa chambre, s'installa calmement devant son ordinateur, vérifia qu'il avait encore suffisamment de cigarettes et se mit à un premier jet, jetant parfois un œil à son carnet. Il termina en recopiant en bas de page le matériau qu'il n'avait pas encore utilisé, dont une partie, probablement, ne lui servirait pas. C'est normal qu'il y ait des scories.

Il se relut. Bon, évidemment, il restait encore beaucoup de travail, et ce n'était même pas certain qu'au final cela donne quelque chose qui se tienne.

Mais peu importe. La mécanique était derrière lui, démontée pour cette fois, et peut-être pour toujours.

Juste avant de s'endormir, Simon eut une révélation ; il comprit pourquoi la mécanique avait choisi ce jour pour reparaître, ce jour où le schéma savait qu'il était vulnérable ; car, à présent, il était quatre heures trente du matin mais, la veille, c'était la Fête des Mères.

Ce recueil vous a plu ?

Découvrez les autres ouvrages de l'auteur

http://www.amazon.fr/Patrice-Salsa/e/
B004MWTFS0

et sa page Facebook

http://www.facebook.com/patrice.salsa.auteur

Vous pouvez également lui écrire

patrice.salsa.auteur@free.fr